MÉMOIRE

SUR

LA COLONISATION

DE L'ALGÉRIE.

MÉMOIRE

SUR

LA COLONISATION

DE L'ALGÉRIE,

Par le Duc DE D*,**

Membre de l'Académie de Blois
et de l'Académie de Valdarnese del Poggio.

PARIS.

IMPRIMERIE ET FONDERIE DE RIGNOUX,
rue Monsieur-le-Prince, 29 *bis*.

1847.

MÉMOIRE

SUR

LA COLONISATION

DE L'ALGÉRIE.

§ Ier.

La question de la colonisation d'Alger, dont le pays se préoccupe ardemment, offre ceci de particulier qu'elle est essentiellement agricole, et qu'elle vient en quelque sorte se grouper avec les besoins vivement sentis depuis longtemps dans les campagnes, et aujourd'hui dans les cités, par suite de la disette ; ce qui place le gouvernement en face d'une immense difficulté agricole, comme naguère l'Angleterre se trouvait placée en face d'une immense difficulté industrielle.

Il est remarquable, au reste, que dans le moment même où se révèle, dans tout le cercle d'action de la France, l'urgence d'une étude approfondie des nécessités de l'agriculture, cette source première de toute richesse et de toute puissance, l'Angleterre, après avoir non-seulement atteint, mais dépassé le but par la protection étendue dont elle a couvert jusqu'en 1846 la propriété territoriale, bouleverse sa législation, et abandonne à ses propres forces la plus utile des industries. L'engouement, propre à notre caractère national, inspira dès les premiers jours à plusieurs hommes distingués le désir de marcher sur les traces de Cobden ; le pays s'émut à leurs discours, mais deux fléaux successifs, l'inondation et la disette, vinrent appeler l'attention de tous sur des devoirs plus pressants : qui sait même si les calamités de 1847 ne sont pas destinées à devenir le point de départ d'une ère nouvelle pour l'agriculture en France ?

Diverses brochures, œuvres d'esprits éminents, ont été publiées touchant la grande question de l'Algérie, et si ce n'était notre désir de concourir en quelque chose au bien public, nous n'oserions, après eux, toucher à un sujet aussi difficile et braver témérairement la publicité. Notre but n'est pas d'ailleurs, dans cet écrit, de discuter les faits accomplis ; nous supposons la conservation de l'Algérie irrévocablement admise, l'occupation acceptée, et devons, en conséquence, nous borner à jeter un coup d'œil rapide sur les moyens de rendre notre présence en Afrique utile à l'humanité, à la France, à la fortune publique et à celle des particuliers.

Dans son rapport sur l'Algérie, M. Dufaure nous paraît avoir pleinement défini la mission de la France en Algérie : «Notre but, notre œuvre, notre devoir, dit-il, est d'y fonder, avec des éléments très-divers, une société, une famille compacte, unie, digne d'entrer, par une alliance indissoluble, dans la grande famille européenne. »

Or, la colonisation est reconnue par tout le monde comme l'indispensable point de départ pour arriver à ce grand résultat. Cette colonisation, en effet, donnerait à la France un développement de côtes de 250 lieues, développement qui augmenterait sensiblement notre inscription maritime. L'essor vigoureux imprimé aux transactions commerciales, par la présence d'une nombreuse population dans la nouvelle France, contribuerait à former une pépinière d'hommes de mer, dont le manque seul constitue le véritable obstacle à la marche ascendante de notre puissance navale, et nous condamne à n'occuper, sous ce rapport, que le second rang.

Des millions improvisent des vaisseaux, mais les années et le commerce maritime peuvent seuls créer des matelots.

L'Algérie est nécessairement appelée à absorber de plus en plus nos produits manufacturés ; par la nature de son sol, elle nous permettra de les établir à meilleur marché. Plus elle donnera de soie, d'huile, etc., et plus nos échanges seront multipliés : le numéraire, répandu sur la nouvelle terre française, rentrera dans le capital national ; nos manufactures verront dès lors s'accroître leur prospérité, et une masse plus considérable de travail se trouvera assurée aux classes indigentes. Il ne faut pas toutefois se dissimuler que l'agriculture est lente dans ses développements, et que la terre la plus féconde demeure stérile sans la main de l'homme : l'homme seul est la véritable richesse de la terre.

Placée dans des conditions convenables, la colonisation modifie complétement l'aspect des villes, qui, dans l'état actuel, ne sont guère que des entrepôts fortifiés ; l'armée elle-même change de rôle : d'agressive elle devient protectrice ; au lieu d'absorber la fortune publique, elle en favorise l'accroissement. Notre civilisation, malgré ses vices, puisant sa source dans une morale bien autrement pure que le mahométisme, a une force d'attraction et d'expansion irrésistible. La simplicité des mœurs agricoles, notre supériorité, par rapport aux Arabes, dans les procédés de culture, exerceront une influence salutaire et puissante sur l'esprit des anciens habitants, auxquels nos baïonnettes ont seules appris jusqu'à présent que nous étions dignes de les gouverner. Insensiblement, le bienfait d'une protection assurée, d'une justice égale, la disparition des habitudes de brigandages et de spoliation, porteront les tribus à nous imiter, à se modeler sur nos usages et à rechercher une fusion qu'elles n'ont, jusqu'à ce jour, envisagée qu'avec horreur.

De leur côté, les colons, mis en mesure de se procurer des conditions d'aisance, par un travail pénible sans doute, mais d'un résultat certain, s'attacheront à une terre où ils auront assis les bases de leur avenir et celui de leurs enfants.

Mais ne portons pas trop loin nos regards, et bornons-nous à envisager les difficultés présentes en faisant des vœux pour qu'on s'attache à les combattre et pour qu'on parvienne à en triompher.

§ II.

L'œuvre de la conquête, à cette heure, est accomplie : l'élément arabe a fait, comme un volcan, ses plus fortes irruptions ; les vides formés dans ses flancs ont besoin d'être comblés par un élément étranger, assez énergique et assez compacte pour empêcher qu'il ne réussisse, avec le temps, à ressaisir la force d'expansion contre laquelle nous avons lutté avec succès, à la vérité, mais aussi avec des sacrifices immenses. Quand la Hollande eut rejeté la mer de ses plaines fertiles, elle ne jugea point sa tâche terminée ; mais s'attelant au travail avec une infatigable ardeur, elle fit surgir des *villes riches et commerçantes* de marais infects et de terrains abandonnés. La France doit aujourd'hui suivre cet exemple : ce n'est point assez de soumettre l'Algérie, il faut la peupler, si l'on ne veut que les Arabes, comme une vague irrésistible, ne se rejettent un jour sur nos armées et ne les refoulent loin du territoire reconquis.

La création d'une population agricole, tel est donc le nœud véritable de la question.

Est-ce à dire que, sans tenir compte des éventualités qui peuvent se produire en Europe, nous devions employer, pour atteindre ce résultat, toutes nos ressources et toutes nos forces ? Non assurément ; la sécurité, le bien-être de la France, doivent passer avant tout. L'état embarrassé de nos finances et les gigantesques opérations des chemins de fer ont fait naître de justes préoccupations parmi nos hommes politiques, et il serait dangereux d'accabler le présent en vue de l'avenir, au lieu de se borner seulement à faire tomber sur l'avenir une partie des charges qui doivent lui profiter.

Ceci nous conduit à rechercher à l'aide de quels moyens, soit matériels, soit moraux, pourrait se résoudre le difficile problème de la colonisation.

Ces moyens se trouvent résumés, suivant nous, dans les propositions suivantes :

1° Déterminer la région première dans laquelle se renfermera la colonisation ;

2° Assurer la sécurité du territoire en voie de colonisation ;

3° Préciser la nature de la protection administrative à lui accorder, les droits garantis aux colons ;

4° Les obligations de l'État envers la colonisation, les obligations des colons envers l'État ;

5° Les mesures financières de nature à faciliter l'accomplissement de cette œuvre ;

6° Les conditions d'admission de l'élément arabe dans les limites de la colonisation côtière.

§ III.

1° Déterminer la région première dans laquelle se renfermera la colonisation.

Un simple coup d'œil, jeté sur la configuration de l'Algérie, démontre clairement que le pied de l'Atlas et les rives de la mer forment les limites naturelles de notre premier champ de colonisation. Il serait imprudent, comme l'a sagement établi M. le maréchal Bugeaud, d'étendre la protection civile au delà du point qu'elle peut particulièrement embrasser. L'entreprise est d'ailleurs assez vaste encore, et suffira seule, pendant un certain nombre d'années, aux travaux d'une administration laborieuse. Sa réalisation doterait la France d'une surface territoriale de 240 lieues de long sur 12 de large ; or, cette perspective est assez belle pour qu'on applique les plus grands efforts à faciliter l'émigration, à l'exciter, à la passionner même, en lui offrant une position assurée dans cette zone, que nous appellerons *zone côtière*.

2° Assurer la sécurité du territoire en voie de colonisation.

La principale garantie dont a besoin la colonisation est la sécurité ; sans elle, les capitaux s'éloignent, et les émigrants européens préfèrent à l'Algérie les vastes plaines de l'Amérique, où ils n'ont du moins à lutter que contre la nature. La présence sur le territoire d'une armée nombreuse, aguerrie et disciplinée, est donc rigoureusement indispensable, bien que nous soyons fort loin d'admettre, avec M. le gouverneur général, qu'il faudra probablement accroître notre force militaire, « au fur et à mesure que s'étendront les intérêts individuels à protéger. »
Nous nous refusons également à admettre que la population civile, remplissant le cadre qui lui serait dévolu, n'apporterait pas un point d'appui plus réel aux colonnes mobiles que les déserts sans ressources existant aujourd'hui. Il nous semble, en outre, que les approvisionnements de l'armée agissante ne nécessitant plus de nombreuses escortes, afin d'assurer leurs transports jusqu'aux limites de la colonisation civile, les fatigues seraient réduites, les forces moins éparpillées et les dépenses moins considérables, puisqu'il se ferait forcément une moins grande consommation de bêtes de somme. Quant à la population rurale, elle pourrait, à la faveur d'une bonne organisation, coopérer efficacement à sa propre défense, et le fait regrettable cité par M. le maréchal témoigne de la nécessité d'entretenir l'esprit guerrier et les instincts de résistance au sein d'un pays naissant, mais il

ne constitue nullement une menace pour l'avenir. Plus la colonisation fera de progrès, et plus l'armée pourra aisément réduire ses cadres. Il suffit aux Arabes de se sentir impuissants contre le joug qu'on leur impose pour l'accepter sans opposition. Les Turcs, en effet, ont dominé et dominent encore d'immenses contrées, peuplées d'Arabes, sans force permanente et réelle. La diversité de religion doit rendre, à la vérité, notre tâche plus difficultueuse, mais notre supériorité de tactique et de moyens de destruction vient compenser en partie ce désavantage. Nous croyons enfin, contrairement à l'opinion émise par l'illustre maréchal, que, dès à présent, l'armée pourrait être sans danger ramenée à un chiffre de 80,000 hommes.

L'essai de colonisations militaires sur le revers de l'Atlas, au sein des populations arabes, pourrait assurément conduire à d'importants avantages ; toutefois, les dépenses énormes qu'occasionnerait leur installation commandent, sous ce rapport, la plus extrême circonspection.

On comprend très-bien combien une ligne de 240 lieues est difficile à défendre contre les soudaines irruptions des Arabes, et force est de se résigner à ce péril, que la création immédiate de douze colonies militaires, coûtant environ 40 millions, ne pourrait pas faire disparaître, au moins avant plusieurs années. Ce que l'on devrait se borner à faire, peut-être, serait une application restreinte et à titre d'essai des projets présentés par le maréchal Bugeaud et le général Lamoricière. L'établissement de quatre colonies, formées dans les conditions de ce double système, donnerait lieu à un sacrifice approximatif de 10 millions. Marchant concurremment avec le développement de la colonie côtière, cette dépense, dans aucun cas, ne serait faite en pure perte, puisqu'alors même que ces colonies ne répondraient pas entièrement à l'espoir qu'elles ont fait naître, elles ne pourraient manquer d'exercer une influence considérable sur les capitalistes et sur les travailleurs européens. De leur côté, les Arabes y verraient la ferme volonté de la France d'achever par la charrue ce que ses armes ont si glorieusement commencé.

Il existe un autre élément de sécurité qu'il importe de ne point négliger dès le principe. La population rurale et la population urbaine de la zone côtière doivent, l'une et l'autre, recevoir une forte organisation comme garde nationale. M. le maréchal Bugeaud n'a pu se défendre de parler avec quelque amertume des habitudes peu guerrières de la population commerçante, mais le passé et l'histoire sont là qui protestent contre son accusation. Tyr, Carthage, Gênes et Venise, villes essentiellement industrielles, surent manier les armes, conquérir et coloniser d'une façon assez durable et assez brillante, pour que le commerce ne puisse être considéré comme une cause d'affaiblissement moral au sein des populations qu'il absorbe. Les institutions qui les régissent, telles sont les causes fondamentales et réelles de cet affaiblissement.

D'ailleurs, la population qu'on se propose d'implanter dans la zone côtière sera éminemment agricole. Il est possible qu'en raison des premières privations auxquelles ils se trouveront astreints, les colons français soient d'abord moins robustes que les Arabes ; mais chaque année de bien-être amènera une plus égale répartition des forces musculaires. On pourra inoculer et entretenir en eux l'esprit guerrier en remettant des armes aux colons des campagnes, en les organisant, autant que possible, en bataillons, et en les obligeant, chaque dimanche, à s'adonner à des exercices militaires ; en créant enfin, comme stimulants, des prix de lutte, de course et de tir, ce qui aurait le double avantage de développer l'adresse des colons et de leur donner confiance en eux-mêmes.

Les gardes nationales, faciles à réunir, devraient être soumises, avec une plus grande sévérité, à des réunions hebdomadaires ; après les exercices de fusil et de peloton, à une promenade militaire, et, chaque mois, à un simulacre d'attaque ou de défense (1). Toutes ces dispositions auraient inévitablement pour résultat de rendre la prise des armes, nécessitée par l'urgence des événements, plus rapide et plus complète ; de retremper le moral de nos prudents citadins de l'Algérie ; de leur faire entrevoir avec moins d'effroi la possibilité d'une rencontre avec les Arabes.

Ces exercices, pratiqués seulement le dimanche, ne nuiraient point aux occupations commerciales, et elles offriraient hygiéniquement un grand avantage aux hommes assujettis au travail sédentaire des bureaux.

Une telle combinaison ne saurait, du reste, rencontrer, au fond, de résistance, car les gardes nationales, cet arrière-ban du régime constitutionnel, forment une réserve utile par son concours, et une dette impérieuse de tout citoyen envers le pays dont les lois assurent sa propriété, son bien-être, ses droits civils et politiques.

§ IV.

3° Préciser la nature de la protection administrative à accorder à la colonisation, les droits garantis aux colons.

Les transformations subies par l'ordre social, dans la plupart des contrées européennes, ont puissamment influé sur l'esprit des classes les plus infimes de la société, et, à plus forte raison, sur celles qu'une aisance modeste a mis à même de ressentir plus immédiatement le bienfait des institutions modernes.

Le besoin de fuir les exactions d'une féodalité avide et les

---

(1) On pourrait consulter avec avantage, pour l'organisation militaire des colons algériens, les règlements sur l'organisation des milices à la Martinique et à la Guadeloupe.

persécutions religieuses n'existe plus. Sensible pour les pauvres , mais juste , le joug des lois ne les effraie pas, surtout alors que ce joug doit défendre des intérêts dont ils n'ont jamais joui à la vérité, mais qu'ils seraient près d'atteindre.

Le laboureur de nos temps n'est plus, en effet, le colon romain , espèce de serf rivé à la glèbe. Le plus sûr moyen d'attirer vers l'Algérie une masse suffisante d'émigrants européens est donc de leur offrir non-seulement des concessions de terre et des facilités d'établissements , mais encore des droits politiques en harmonie avec les idées nouvelles. Il importe également, au moins en ce qui concerne la zone de colonisation des émigrants , d'arrêter régulièrement les bases du régime administratif. L'administration militaire ne saurait aucunement convenir ; on peut supposer cette administrrtion tyrannique, absolue, quelquefois brutale : que ce soit là un préjugé , nous le voulons bien admettre , mais les préjugés sont-ils sans puissance sur l'esprit, le caractère et les actions des hommes? Or, en constituant une administration civile parallèlement au gouvernement militaire , et en la dotant d'une situation indépendante et forte, on ferait cesser tout motif de crainte et toute cause de répulsion ; le danger de la guerre n'est pas un argument sérieux contre cette pensée , puisque le gouverneur général de la nouvelle France serait toujours en droit , après en avoir délibéré avec les chefs de l'administration civile, de décréter, selon l'urgence, l'état de siége du territoire, soit en totalité , soit en partie.

L'organisation administrative de la France offre d'ailleurs un type qu'on pourrait reproduire en le modifiant.

Ainsi, la zone de la colonisation côtière pourrait être , sans difficulté, divisée en trois départements. Les préfets de chacun d'eux, correspondant directement avec un pouvoir central établi à Alger, auraient une plus grande latitude d'autorité que les préfets de la métropole ; la solution de certaines questions leur serait dévolue, et ils en assumeraient la responsabilité. L'organisation des préfectures serait, à peu de chose près, la même qu'en France. Des attributions analogues à celles de nos conseils généraux seraient accordées à un conseil général, dont les membres seraient élus annuellement, moitié par les colons agricoles et moitié par les populations urbaines ; seulement, au lieu de pouvoir voter les sommes nécessaires à l'accomplissement de divers travaux d'utilité publique, ils se borneraient à exposer les besoins, et à formuler des vœux pour leur satisfaction.

Chacun des conseils généraux devrait, en outre, à la fin de la session, dont la durée pourrait être limitée à huit jours, élire un de ses membres, qui, sous le nom de délégué consultatif, se réunirait au siége du gouverneur général, et formerait, sous la présidence du gouverneur général, un conseil colonial, appelé à éclairer par son expérience pratique les décisions de l'autorité supérieure.

C'est dans l'élection des municipalités, des conseils généraux, et par suite dans celle des délégués, que se trouverait renfermée la part du pouvoir public afférente à la propriété. La mère-patrie pourrait étendre aux membres de ces conseils les avantages que leur procurent en France les mêmes positions, et constituer de la sorte une noble récompense, capable de satisfaire les ambitions, d'exciter une émulation louable, de resserrer plus fortement enfin les liens qui relieraient la métropole aux nouvelles populations ; grâce au système électif appliqué aux municipalités et aux conseils généraux, ces populations seraient insensiblement préparées à passer dans l'avenir à une application plus large d'un système désormais indispensable au fonctionnement des sociétés.

L'ordre judiciaire, tel qu'il existe en France, serait mis immédiatement en vigueur dans les départements algériens : chacun d'eux deviendrait le siége d'un tribunal de première instance ; Alger, par exception, serait le siége d'une cour royale. La cour de cassation de Paris connaîtrait seule des pourvois.

Un conseil d'Etat, dont les membres résident à Alger même, acquerrait l'expérience des affaires arabes, jugerait en premier ressort des difficultés contentieuses de la colonie côtière, sauf appel au conseil d'Etat de France.

Ces dispositions, que nous nous contentons d'indiquer ici dans leur ensemble, auraient, selon nous, une influence active sur l'émigration, et donneraient conséquemment à la colonisation un élan rapide. Mais il en est une autre qui peut leur servir de complément, et qui nous paraît intéresser à un haut degré l'avenir et la solidité de nos établissements dans cette partie du monde.

Par son étendue territoriale, la nature des divers intérêts appelés à se débattre sur son sol, par l'état d'antagonisme et d'hostilité des tribus arabes, l'Algérie réclame évidemment une main puissante qui forme, pour ainsi parler, la clef de voûte du nouvel édifice social. La main de la France, si forte qu'elle soit, aurait peine à soutenir un tel fardeau, s'il n'existait un anneau dans lequel elle pût concentrer toute son énergie. L'anneau de l'Algérie, c'est le chef du gouvernement de la colonie. Plus on le fera fort, et moins il y aura de chance pour qu'il succombe soit à l'influence attractive de la métropole, soit à l'action répulsive des Arabes. Plus sa position sera élevée, supérieure, éclatante, et plus les indigènes seront éblouis ; leur orgueil cédera à l'inutilité patente de la lutte, et ils courberont la tête avec moins de répugnance alors qu'il faudra moins l'incliner. Les capitaux, conséquemment les hommes, afflueront, par suite, en Algérie, dans des proportions plus considérables. Les différentes administrations, se sentant surveillées de près, cesseront en s'épurant d'être, comme elles l'ont été de nos jours, un sujet de scandale pour le pays, de ruines pour les essais agricoles, et d'amères plaintes pour les populations urbaines.

Telles sont les considérations qui nous porteraient à désirer pour l'Algérie la création d'une vice-royauté.

Cette mesure ne serait point, au reste, une innovation dans les mœurs politiques de la société moderne : des exemples analogues ne manquent pas autour de nous. Malgré son organisation sociale si ferme et si compacte, l'Angleterre a cru devoir, en Irlande, déléguer le pouvoir exécutif à un vice-roi ; et pourtant l'Irlande est, en quelque sorte, par sa proximité géographique, une province anglaise... Un gouverneur général ayant toute l'autorité d'un vice-roi, moins le titre, commande dans les Indes, sans que jamais l'Angleterre ait conçu ni manifesté la crainte de voir sa suzeraineté méconnue, en dépit de l'immense distance qui sépare les possessions indiennes de la métropole.

L'autriche reconnaît un vice-roi en Lombardie, en Hongrie, un palatin ; la Russie, à son tour, eut, pendant de longues années, un vice-roi de Pologne.

D'ailleurs, dans l'état actuel des choses, le gouverneur général de l'Algérie n'exerce-t-il pas en réalité une autorité presque égale à celle qui est inhérente au titre de vice-roi ? Serait-ce l'éclat de cette qualification qui blesserait en France des amours-propres ? Mais, selon nous, cet éclat même contribuerait puissamment à l'achèvement de l'œuvre que la conquête a commencée, en faisant nettement comprendre à tous que l'Algérie est irrévocablement française. La vice-royauté constituerait dès lors une de ces positions exceptionnelles dans lesquelles un prince du sang peut, à l'aise et mieux que partout ailleurs, trouver un noble emploi de son patriotisme et de ses talents. Chaînon indestructible qui relierait la conquête à la patrie, le vice-roi ferait accepter sa suprématie sans jalousies, sans hésitation et sans tiraillements. Ce qui se passe dans le corps de la marine le prouve tous les jours. Qu'on interroge les officiers de cette arme qui ont servi sous les ordres du prince de Joinville, et ils seront unanimes à reconnaître que le service dans son esca-

dre se fait avec plus de zèle, plus d'exactitude et plus d'ensemble,
que dans les escadres commandées par des amiraux.

L'Algérie est à la fois trop éloignée pour voir son administration se confondre avec la nôtre, et trop rapprochée de nous pour
qu'on puisse craindre de longtemps une séparation violente. Sans
doute, il importe que les lois de l'Algérie dérivent de nos lois,
que l'administration de ce pays soit assimilée à l'administration
française, afin d'arriver à une communauté d'idées et d'intérêts
qui garantisse la perpétuité de notre empire; mais l'Algérie n'en
doit pas moins avoir une vie qui lui soit propre, et il serait pru-
dent de s'appliquer, dès aujourd'hui, à la mettre à l'abri des
contre-coups qu'une guerre européenne ne manquerait pas de lui
imprimer. Or, pour la rendre forte contre une agression dirigée
par une puissance étrangère, la présence d'un prince français à
la tête de son administration n'offrirait-elle pas les plus puissantes garanties?

Quelles objections pourrait-on opposer sérieusement à cette
grande mesure? que craindrait-on? De blesser l'opinion publique? Mais le pays, nous n'en doutons pas, saluerait avec joie
une telle création. La Providence, en effet, a placé sur les mar-
ches du trône de jeunes princes dont l'éducation, le caractère,
le courage et les talents, ont acquis l'estime de la France entière.

Trouverait-on un péril à déléguer à un prince du sang un
pouvoir aussi étendu? Dira-t-on que les actes arbitraires auxquels
il pourrait se laisser entraîner échapperaient à une censure suffisante? Mais pourquoi la surveillance morale du parlement ne
s'exercerait-elle pas à l'égard de l'Algérie comme elle s'exerce en
France, à l'égard d'une vice-royauté comme à l'égard d'un ministère? Pourquoi verrait-on, en Afrique, un danger dans l'application des principes qui régissent notre propre sol? Pourquoi,
d'ailleurs, les décisions prises par ce chef exécutif de la puissance nationale en Algérie ne seraient-elles point, à la rigueur,

soumises à la solidarité d'un ministre responsable ? S'effraierait-on, enfin, d'avoir à donner à un vice-roi une subvention plus élevée qu'à un gouverneur général ? Un tel motif, s'il existe, ne mérite point d'être discuté. La liste civile d'un vice-roi, dût-elle monter à un million, ne balancerait jamais les incalculables avantages qu'une semblable création procurerait à l'Algérie comme à la France. Ajoutons que tout en insistant, quant à présent, sur l'institution d'une vice-royauté, nous n'entendons point qu'elle doive être nécessairement immuable, nous ne prétendons pas engager l'avenir : rouage indispensable aujourd'hui (dans notre conviction, du moins) pour obtenir la prompte colonisation de l'Algérie, et pour enraciner profondément dans le sol arabe les bases de la domination française, on pourrait, du moment où la machine fonctionnerait régulièrement et d'elle-même, pour ainsi dire, supprimer un titre et une attribution devenus alors sans véritable opportunité.

§ V.

4° Quelles sont les obligations matérielles de l'État envers la colonisation, et les obligations des colons envers l'État ?

Si le territoire de l'Algérie possédait une aussi remarquable fertilité que les terres de l'Amérique du Sud, peut-être pourrait-on s'en remettre à des compagnies puissantes pour la confection des routes et les immenses travaux d'assainissement que la contrée nécessite. Les dépenses pourraient, en effet, se trouver rapidement couvertes par le prix élevé des produits qu'on y récolterait. Il n'en est pas malheureusement ainsi : le sol de l'Algérie, tout en offrant des points d'une fertilité merveilleuse, ne se prêterait pas, selon toute apparence, à la culture des denrées coloniales. Les éléments de la richesse future de ce vaste territoire semblent résider presque exclusivement dans les mûriers et les oliviers : or, chacun sait ce qu'il faut de temps au planteur pour obtenir de ces arbres un rendement productif. Quant au présent, de riches plantations de céréales seront assurées dès que la salubrité agricole sera répandue sur le sol ; et c'est en cela que se trouvera l'un des premiers bienfaits de la colonisation. L'Etat doit donc s'attendre à entreprendre seul les grands travaux d'utilité publique. Il est possible que, plus tard, quelques compagnies se forment, alors qu'en manifestant sa ferme volonté à l'égard de l'Algérie, la France aura suffisamment rassuré les capitalistes ; ces faits, toutefois, ne se produiront que d'une manière exceptionnelle, on n'y saurait prudemment compter, et il importe dès lors que le gouvernement persiste dans la marche qu'il a suivie jusqu'à présent ; qu'il complète les routes militaires, établisse des routes agricoles, se charge des dessèchements et des travaux d'irrigation.

En conséquence, l'une des premières opérations des préfets serait de faire dresser, dans chaque département algérien, un tableau des travaux à exécuter et un relevé des sommes nécessaires à leur exécution. On apporterait enfin, dans le but d'arriver à une solution plus économique, une innovation essentielle dans l'organisation de l'armée.

Jusqu'à ce jour, les soldats ont été les véritables artisans de l'Algérie, et l'on ne peut qu'applaudir à ce premier essai, qui a clairement démontré que pour être laborieuse, une armée n'en est ni moins disciplinée ni moins aguerrie. Mais ce qui manque en Afrique, nous le répétons, ce sont des bras. Sur les 80,000 hommes nécessaires, suivant nous, à la sécurité de la conquête, on pourrait distraire vingt-quatre bataillons de 500 hommes chaque, exclusivement formés de compagnies du centre. Ces vingt-quatre bataillons, représentant une force effective de 12,000 hommes, devraient être composés de soldats ayant au moins dix-huit mois de présence sous les drapeaux ; ils prendraient la dénomination de *travailleurs*, et seraient, en effet, appliqués aux travaux publics d'une manière exclusive.

En supposant 12,000 malades dans les hôpitaux, et 10,000 malades dans les corps, l'armée belligérante s'élèverait encore à 46,000 hommes. Si nous en retranchons 4,000 hommes pour les divers services de manutention, il resterait encore 42,000 hommes en ligne. D'ailleurs, les vingt-quatre bataillons de travailleurs, répandus sur les différents points de la zone côtière, constitueraient une réserve précieuse, guerrière, et susceptible d'être promptement réunie en corps de 2 ou 3,000 hommes. Leur présence même dans les diverses localités où s'exécuteraient les travaux y créerait des espèces de places fortes, vivantes et mobiles, pouvant entrer dans les combinaisons de la défense.

Ces travailleurs joindraient nécessairement à l'énergie de la jeunesse, améliorée par une nourriture saine et une hygiène favorable, l'habitude de l'obéissance, la science des armes et l'habileté des travaux manuels. Leur solde serait augmentée dans la proportion déjà admise en Algérie. Tandis qu'une partie de ces bataillons accomplirait, sous la direction des ingénieurs des ponts et chaussées, les travaux à la charge de l'État, l'autre partie serait mise à la disposition des colons agricoles, afin de défricher, de planter et de construire les habitations rurales. Les colons qui réclameraient des travailleurs militaires devraient les payer, savoir : les journaliers et laboureurs, 1 fr. par jour, les charpentiers, tailleurs de pierre, etc., 1 fr. 50 c.

Sans être ruineux pour les colons, le taux de ce salaire préserverait l'État de demandes trop multipliées, et lui procurerait dans ses travaux une notable économie. En effet, l'État, dans le plan que nous proposons, aurait à prélever, sur le prix de location des travailleurs par les colons, l'excédant de la solde accordée par lui aux travailleurs employés aux ouvrages publics.

2

Il serait d'ailleurs convenable que l'autorité militaire exigeât à l'avance le dépôt de la solde de chaque semaine. Les travailleurs ne devraient point agir isolément, mais bien par groupes d'au moins 10 hommes, et, dans aucun cas, à un trop grand éloignement du centre d'action. Leur coopération, par rapport aux colons, ne s'appliquerait jamais qu'aux travaux préliminaires de défrichement, de plantation, de construction et de récolte de la première moisson.

A notre sens, la création de ce corps nombreux de travailleurs ruraux présenterait de grands avantages sur le mode usité actuellement en Algérie. L'armée n'en serait point réellement affaiblie, et la zone côtière serait instantanément fortifiée par la présence de bras actifs et robustes, employés simultanément aux travaux publics et privés.

Le gouvernement pourrait, en outre, favoriser jusqu'à un certain point le développement agricole de l'Algérie, en tentant d'y attirer, au moyen de quelques facilités de passage, les émigrations temporelles des Lucquois, qui se rendent, chaque année. en Corse et dans d'autres contrées du continent pour le moment des travaux. Le petit pays de Lucques regorge de population, ses habitants sont d'habiles agriculteurs; l'analogie de leur sol et de leur climat avec le sol et le climat de l'Algérie y rendrait leur concours précieux, et nul doute que si quelques essais venaient à réussir, un certain nombre d'artisans de ce pays industrieux ne se décidassent à s'établir définitivement en Afrique.

Une autre source de population est offerte à l'État; il peut, sans grands efforts, sans importants sacrifices, créer, pour un avenir peu éloigné, une masse d'ouvriers européens capables et acclimatés dès l'enfance.

Chaque année, les passions jettent à la charge du pays une foule d'enfants abandonnés souvent par la misère, plus souvent par la dépravation. L'État survient à leurs besoins. Or, ces malheureuses créatures, vouées à l'abandon, qu'il recueille, qu'il adopte et qu'il élève, ne lui appartiennent-elles point, comme les fils à leurs pères? Et si ceux-ci n'ont pas le droit de contraindre l'inclination de leurs enfants, quand l'heure de l'émancipation est venue pour eux, leur a-t-on jamais contesté celui de diriger leur vocation, et de choisir la vie qui doit être la plus favorable à leur avenir? Pourquoi dès lors l'État, ce père commun des enfants trouvés, ne les conduirait-il pas en Algérie? Serait-ce de sa part un abus de pouvoir que d'y instituer des écoles d'arts et métiers, consacrées à l'éducation de ces enfants, qui, grandissant sous le ciel d'Afrique, ne se connaissant ni famille ni affections, se répandraient dans ce pays, et deviendraient un élément précieux pour la colonisation?

Nous indiquons ce point de vue sans le développer, mais nous croyons qu'une telle idée, élaborée avec sagesse, réalisée dans une juste mesure, ne présenterait rien d'impraticable soit sous le rapport philanthropique, soit sous le rapport matériel. Ne pourrait-on pas aussi donner pour auxiliaire, à chaque couple de familles des colonies militaires proposées par M. le maréchal Bugeaud, un enfant trouvé de douze ans, auquel l'État fournirait un premier habillement, et une ration pendant quinze mois? Placé ainsi sous la tutelle des soldats colons, cet enfant serait nourri d'instincts guerriers; il étudierait l'agriculture, soignerait le bétail, et formerait en quelque sorte le complément de la famille, jusqu'au moment où les enfants légitimes seraient en âge de venir en aide. Cette époque arrivée, les enfants trouvés seraient des travailleurs assez forts, des ouvriers assez habiles, pour subvenir personnellement à leurs besoins. Des concessions limitrophes à celles des familles coloniales qu'ils auraient servies pourraient, d'ailleurs, leur être accordées.

Le gouvernement fait chaque mois en France des sacrifices considérables pour l'entretien des enfants trouvés dans les campagnes. Ces enfants, abandonnés à eux-mêmes, constituent une sorte de bétail humain, sur lequel vivent les familles pauvres qui les admettent à leur foyer ; la surveillance de l'autorité ne réussit qu'imparfaitement à les soustraire à des mauvais traitements, à un délaissement barbare, à des corvées au-dessus de leurs forces. Une nourriture insuffisante et malsaine les rend chétifs, malingres, affaissés, les prédispose à la consomption et les dépouille de toute énergie, tandis que leur transplantation, dès l'âge de huit à neuf ans, dans des écoles d'arts et métiers, établies dans les principales villes de l'Algérie, en les soumettant à un régime sévère, mais régulier, fortifierait leur constitution et garantirait leur moralité.

Quant à l'État, il serait, au bout d'un certain temps, indemnisé d'une partie de ses sacrifices par les produits du travail.

§ VI.

5° Les mesures financières de nature à faciliter l'accomplissement de la colonisation.

Parmi les créations que l'Algérie réclame, au nombre des causes multiples qui peuvent contribuer à l'essor de sa situation présente, influer puissamment sur son avenir, il faut ranger l'établissement de postes réguliers fonctionnant sur les routes militaires et commerciales de première classe.

Sans doute, cette création ne saurait s'accomplir sans une forte dépense et de grands sacrifices, mais les résultats en seraient en quelque sorte immédiats. Elle pourrait être d'ailleurs toute militaire dans la zone réservée à l'administration militaire, et recevoir dans la zone côtière une organisation nécessaire à la sécurité du pays.

Des relais de poste seraient, en conséquence, établis de 3 myriamètres en 3 myriamètres ; mais cette distance, on le conçoit.

n'a rien d'absolu. Les centres de population existant déjà ou en voie d'établissement devraient naturellement servir de points de départs et de régulateurs. Chaque relai de poste, créé par l'État, consisterait en un vaste corps de ferme, enceint d'une muraille ou d'un fossé approprié à la défense. On annexerait à l'établissement une étendue de terrain proportionnée à son importance. Une brigade de douze gendarmes, commise à sa garde, serait chargée de surveiller le pays, de maintenir la police, d'escorter les voyageurs, et de protéger d'étape en étape les convois de marchandises (1).

On élèverait, d'après des plans approuvés par l'administration, un corps de bâtiment affecté spécialement aux gendarmes, et composé d'une chambrée, d'une cuisine, d'une salle d'armes, d'une écurie et d'un grenier.

Un jardin potager d'un hectare serait joint à la maison de la gendarmerie ; un charron et un maréchal ferrant auraient chacun un établissement distinct, et pourraient recevoir individuellement une concession de dix hectares de terrain, tant pour jardin potager à l'intérieur de l'enceinte que pour culture agricole en dehors du retranchement.

Quant au fermier de la poste, les terres lui seraient données en toute propriété. Il serait tenu de construire la maison servant également d'auberge, l'étable, l'écurie, la grange, etc. Dans le cas où les murs de derrière de ces différentes constructions pourraient servir comme muraille de ceinture, l'État entrerait dans une partie des dépenses nécessitées par leur érection. Le fermier

---

(1) Des troupeaux de jeunes chevaux pourraient vivre sur les terrains vagues environnants, et former une pépinière de remonte pour la cavalerie ; mais nous n'insisterons pas sur cette idée, qui se rattache à un système tout entier sur l'élève du cheval et la remonte de notre cavalerie en Afrique, système qui trouvera ses développements dans un travail purement spécial.

serait astreint à tenir constamment à la disposition des voyageurs, des convois militaires, du roulage, un nombre limité de mulets ou de chevaux.

Les postillons, assermentés à l'instar de nos gardes champêtres, seraient armés, et porteraient, en outre, le cor des courriers, instrument bien autrement indispensable, dans un pays comme l'Algérie, que le fouet de poste usité en France. Ils pourraient verbaliser sur les infractions apportées aux règlements des routes, et formeraient une sorte de garde mi-civique et mi-guerrière, utile pour la défense de l'établissement.

Dans la partie du territoire soumis à l'administration militaire, l'organisation des relais de poste serait la même, si ce n'est cependant qu'un détachement de vingt-cinq hommes de cavalerie serait adjoint à chacun d'eux, et que la ferme pourrait être exploitée par des familles de soldats. Ces familles, au nombre de douze, seraient tenues d'entretenir, à frais communs, le nombre de charrues exigé, et de fournir les postillons. Elles auraient chacune une maison distincte et un jardin particulier.

Ce réseau, ainsi établi, formerait une série de points d'arrêt qui pourraient devenir le noyau de divers centres de colonisation, servir de haltes aux colonnes belligérantes et aux voyageurs, constituer enfin contre les Arabes un lien suffisamment fortifié entre les différents districts du territoire. L'armée ne se trouverait point affaiblie par une trop grande dispersion de forces ; car, en supposant la création de quarante établissements de ce genre, tant sur le littoral que sur les principales voies qui pénètrent dans l'intérieur, soit vingt relais pour la zone militaire et vingt relais pour la zone civile, il suffirait de 740 cavaliers qui seraient, non éparpillés sur le sol, mais groupés de manière à pouvoir être concentrés en partie sans que les établissements demeurassent pour cela privés de leurs moyens de défense.

La dépense ne serait point exorbitante. En effet, on est conduit à penser que les énormes avantages que de telles créations assureraient aux colons, par la sécurité qui résulterait pour eux de la présence d'une troupe et de l'établissement d'une muraille ou d'un fossé de défense, par le passage fréquent des colonnes militaires ou des convois commerciaux, par la certitude de trouver sur les lieux mêmes le débouché et l'emploi de leurs récoltes, seraient de nature à tenter plus puissamment les capitaux et à dispenser l'État de tout sacrifice, à l'exception des dépenses qu'entraîneraient la construction des bâtiments affectés aux gendarmes, et l'enceinte des postes de relais.

Or, en admettant que chaque maison de gendarmerie coûte 20,000 fr., et que l'enceinte en coûte 6,000, les vingt relais de la zone civile reviendraient en totalité à 520,000 fr. En portant maintenant à 5,000 fr. chaque maison de colon militaire (ce qui, pour douze familles, représente un chiffre de 60,000 fr.), à 25,000 fr. les casernes des détachements de cavalerie, à 6,000 fr. le coût de l'enceinte, on arrive, pour les vingt relais de la zone militaire, à une somme totale de 1,820,000 fr., c'est-à-dire, pour les quarante relais de poste, à un chiffre de 2,340,000 fr.

Nous laissons à résoudre si cette somme, lors même qu'elle atteindrait 3 millions, ne serait pas plus que compensée par l'utilité de l'organisation indiquée, au triple point de vue militaire, administratif et commercial. Nous ferons seulement observer que de nombreux vestiges attestent encore que les Romains avaient établi un système régulier de poste, et qu'à nos yeux leur exemple doit être d'un grand poids en faveur d'un pareil projet.

Il n'est pas, au reste, de combinaison pouvant agir sur l'avenir de la colonisation, si peu importante qu'elle paraisse, qui ne doive être signalée. Selon nous, les ports de l'Algérie devraient être ouverts, pendant cinq années, à la libre importation des races ovines, bovines et chevalines de tout pays. Au point de vue agricole, il y aurait un avantage immense pour la colonie à voir introduire l'emploi des buffles. Ces animaux trèssobres, doués d'une force extraordinaire, occasionnent moins de dépenses et nécessitent moins de soins que les bœufs. On les emploie avec facilité à Livourne, dans les maremmes toscanes, dans les marais Pontins, dans les champs de Pestum. Ces faits, que, nous avons pu constater *de visu*, nous conduisent à penser que le gouvernement donnant le premier l'exemple de leur introduction, cet exemple ne fût bientôt suivi, et que cette race d'une haute utilité ne prospérât en Algérie d'une manière rapide.

Ajoutons que l'administration de la colonie devrait, en certains cas dont elle aurait mission d'apprécier l'urgence, accorder aux colons agricoles des plants d'arbres, des semences, du bétail, des matériaux même ; mais de telles largesses, nous le répétons, seraient purement exceptionnelles. Le don gratuit de la terre ; une exemption d'impôt pendant dix années, au profit des concessionnaires qui mettraient leurs terrains en culture ; l'exemption de la conscription pendant quinze ans ; la sécurité publique assurée ; la salubrité chaque jour croissante ; les communications territoriales en cours rapide d'exécution ; les irrigations facilitées par des travaux intelligents, par une législation bien faite ; toutes ces mesures si favorables à la colonisation constituent en définitive une somme d'avantages suffisante pour développer rapidement la population agricole.

Les obligations matérielles du gouvernement envers la nouvelle colonie peuvent s'arrêter là, du moins quant à leurs généralités. Mais il est en dehors d'elles de certaines institutions, se rattachant toutes d'une manière étroite à l'agriculture, et qui pourraient également devenir fécondes en bons résultats.

L'armée a des droits incontestables à la reconnaissance publique ; l'œuvre de la conquête est due tout entière à son dévouement ; l'œuvre de la colonisation sera due, en grande partie, à son intelligente activité : il est dès lors naturel de lui offrir une récompense nationale ; oublier de faire sa part au moment où l'on partage ce qu'elle a conquis serait une inconcevable ingratitude ; rendre cette récompense profitable pour l'armée, en même temps qu'utile à la colonisation, nous semble un but facile à atteindre.

Six grandes fractions, de 1,000 hectares chacune, pourraient être réservées par l'État sur le territoire de la colonie côtière et données à l'ordre de la Légion d'Honneur. Le gouvernement supporterait les frais de constructions de fermes ; l'armée ferait les défrichememts, les premières cultures et les plantations. Ces terrains porteraient le nom de commanderies. Chaque commanderie serait administrée par des régisseurs dont la nomination appartiendrait au chancelier de l'ordre, et qui devraient être choisis parmis des officiers retraités et décorés.

Cette création procurerait nécessairement d'importantes ressources dans l'avenir à l'ordre de la Légion d'Honneur, si intimément lié à l'armée par tous ses souvenirs ; la masse de biens de mainmorte, ainsi constitués, n'auraient qu'une importance négative. Les soldats y trouveraient le juste salaire de leur sang et de leurs peines ; la colonie, d'excellents modèles de culture ; ces commanderies, dirigées par des hommes intelligents, pouvant devenir de véritables fermes pratiques, destinées à assurer les progrès des saines méthodes agricoles.

Jusqu'à présent, on le voit, nous nous sommes exclusivement préoccupé des besoins matériels de la colonisation ; mais les besoins matériels sont fort loin de représenter toutes les nécessités d'une population. Il est des besoins moraux pour l'homme dont la satisfaction légitime assure seule la marche active de la civilisation. Un gouvernement, au début d'une société, et sous l'empire d'indispensables obligations d'économie, peut temporairement négliger quelques-unes des sources où la civilisation s'alimente ; il en est une, cependant, dont il ne doit se priver à aucun prix, car en elle se trouve le germe de toutes les vertus, de tous les progrès. Cette source est la religion. Abandonner en Algérie des populations chrétiennes sans leur assurer les secours et les consolations de la religion serait, il faut bien le dire, une négligence coupable, un crime social.

L'État doit donc tendre à faciliter l'action du clergé sur tous les points de la colonisation ; ce serait, toutefois, une dépense énorme s'il fallait dès le premier jour, dans chaque centre de population qui s'établit, ériger une église, constituer une cure, solder des desservants. Ces considérations nous ont conduit à rechercher s'il ne serait pas possible de procurer les bienfaits de la religion à la population française de l'Algérie, sans grever l'État de charges nouvelles, et tout en augmentant le territoire cultivé de la colonie.

On ne doit pas le méconnaître, les ordres religieux rendirent d'incontestables services à la civilisation et spécialement à l'agriculture, dans l'enfance des sociétés modernes. Leur multiplicité cependant devait devenir, à la longue, un élément de ruine pour le pays, leurs richesses un scandale, et leur influence un abus, quelquefois même un danger : en effet, dès que les sociétés se furent constituées et affermies, les ordres religieux, ne pouvant plus leur servir de soutiens, tentèrent de les asservir pour les dominer. L'histoire fournit, à cet égard, les témoignages les plus convaincants ; mais de ce fait, tout incontestable qu'il soit, il ne ressort nullement qu'il y aurait, quant à présent, un péril pour l'Afrique dans l'introduction sur son sol de tels éléments, puisqu'il s'agit de fonder en Algérie une société nouvelle, qui aura son enfance comme celles qui l'ont précédée, et qu'il faudra à cette société les mêmes appuis qu'aux sociétés naissantes de la vieille Europe : la croix et l'épée.

Les ordres religieux se signalèrent, de tout temps, par leur patiente et laborieuse industrie : les terres des abbayes, sous l'ancien régime, étaient partout des modèles de bonne culture. Mais, objectera-t-on peut-être, le gouvernement a déjà fait un essai de ce genre en concédant des terres aux trappistes ; cependant les résultats n'ont point répondu aux espérances que cette tentative avait fait naître. Nous croyons, quant à nous, que l'insuccès de cette épreuve tient aux mauvaises conditions de l'emplacement où elle a été tentée ; nous croyons qu'on devrait encourager un autre ordre religieux à faire de nouvelles fondations, en l'autorisant à faire appel à la charité des fidèles, dans le but de conquérir au christianisme, par la pratique du travail et l'exemple des vertus modestes, des populations fanatisées. Ne serait-il pas possible, d'ailleurs, de former le noyau de ces établissements religieux, en empruntant à chacun des différents ordres existant en France quelques-uns de leurs membres, les plus particulièrement adonnés à la science et aux soins de l'agriculture ?

Tout dépendrait, en fin de compte, des précautions qu'on saurait prendre à leur égard, et des limites dans lesquelles on aurait la prudence de les renfermer. Les concessions qui devraient leur être dévolues seraient au nombre de six, chacune de 1,000 hectares, avec défense absolue d'acquérir jamais une étendue plus considérable. On fixerait (maximum et minimum) le personnel de chaque établissement, conformément aux exigences de la double mission qu'ils auraient à remplir, d'une part, en cultivant les terres de la concession ; de l'autre, en s'occupant de satisfaire aux besoins spirituels des populations, jusqu'au jour où l'état d'avancement et la prospérité de la colonie permettraient à l'État de doter les communes d'églises et de clergé régulier.

Parmi les stipulations du contrat, devrait figurer une clause réservant au gouvernement la faculté du rachat des établissement formés, moyennant des pensions viagères assurées à leurs membres, et versement du capital de ces pensions, à raison de 3 pour 100 d'intérêt, dans les caisses des hospices ou des fondations pieuses en Algérie.

L'État devrait conserver, en outre, une hypothèque légale sur les concessions, en cas de vente par l'ordre, afin d'être indemnisé des dépenses que lui auraient occasionnées les premiers travaux.

Il y a ici de nombreux détails qui se rattacheraient à ces fondations, mais que, dans ce travail sommaire, nous laissons volontairement de côté. Toujours est-il qu'à notre avis l'État remplirait en grande partie ses obligations morales envers les populations chrétiennes de la colonie, et cela sans s'imposer des sacrifices exorbitants, en facilitant avec une sage réserve l'essor de tels établissements ; qu'il puiserait une grande force dans leur concours, et trouverait en eux des auxiliaires actifs et intelligents.

Nous venons d'esquisser rapidement les devoirs et les charges de l'État, eu égard à la colonisation ; il nous reste à indiquer également les obligations matérielles et morales des colons envers l'État.

Ces obligations se réduisent, quant à présent, à l'obéissance aux lois, à l'exécution stricte, à l'observance rigoureuse de contrats passés pour les concessions, à l'enrôlement dans la garde nationale, enfin à une surveillance active exercée par les officiers municipaux sur les dispositions et les mouvements des Arabes. Elles se relient si étroitement, au reste, à l'intérêt personnel des colons, qu'on doit s'attendre à les voir observer avec zèle et fidélité.

Les émigrants étrangers ne devraient être admis à posséder dans la colonie qu'après avoir prêté le serment d'obéissance aux lois qui la régissent. Certaines facilités devraient leur être offertes pour obtenir des lettres de naturalisation, ce qui contribuerait à les attacher rapidement à notre civilisation, à nos mœurs, à nos destinées.

L'exploitation pendant trois années d'une métairie de 20 hectares, par exemple, soit à titre de propriétaire cultivant par lui-même, soit à titre de simple fermier ; la possession pendant un même laps de temps d'un immeuble urbain d'une valeur de

50,000 fr., pourraient donner aux colons étrangers les titres nécessaires à la qualification de citoyen français.

Diverses clauses qui ne sont pas, suivant nous, sans importance, devraient être, en outre, imposées aux concessionnaires des terrains.

L'Algérie compte environ 80,000 hectares de forêts : c'est là assurément une ressource précieuse ; l'administration en a compris toute l'utilité, et il est hors de doute qu'une des premières préoccupations du gouvernement sera de mettre ces forêts à l'abri des dévastations ou de l'incurie des Arabes. Mais ces 80,000 hectares de forêts représentent une bien minime proportion, eu égard au vaste territoire de l'Algérie, et tandis qu'on reconnaît en France le danger du déboisement des montagnes, on doit considérer que cette même cause pourrait entraîner de fatales conséquences pour l'avenir de la colonie. Ce qui serait aisé aujourd'hui cesserait de l'être plus tard ; car il est facile, au début d'une société, d'adopter une législation préservatrice et progressive. Il serait dès lors du devoir d'une sage administration de prévoir les besoins que fera naître l'accroissement successif des populations algériennes, et de travailler, dans ce but, à augmenter la quantité du combustible.

En conséquence, tout concessionnaire d'un terrain qui excéderait cent hectares sera tenu d'ensemencer en arbres forestiers un huitième de la surface de la concession. Ces ensemencements formeraient, autant que possible, deux ou trois groupes ou bouquets de bois, répartis sur les différents points du terrain, et toujours préférablement sur les plus mauvaises terres cultivables, le sommet des coteaux et les pentes abruptes. Les colons auraient un espace de temps déterminé par leur contrat pour parfaire ces ensemencements, dont le développement naturel assurerait chaque année une plus-value notable à leurs propriétés. Les colons qui n'auraient pas rempli cette clause du contrat seraient passibles d'une amende fixée par les tribunaux, et dont le chiffre s'élèverait proportionnellement par chaque année de retard.

Il n'y aurait pas lieu d'étendre cette obligation aux propriétaires de parcelles de terrains, puisque ce serait les grever d'un travail onéreux sans avantage réel pour la colonie. Néanmoins, petits et grands concessionnaires seraient astreints à faire des plantations d'arbres de rapports, les produits de ces plantations devant, au bout d'une quinzaine d'années, devenir une source féconde et profitable, tant pour les particuliers que pour l'État.

Quant à l'admission d'étrangers dans la colonisation, cette question, à laquelle nous avons touché déjà, ne nous paraît pas devoir provoquer de désaccord sérieux. Si la présence en Algérie d'une masse d'étrangers disproportionnée au chiffre de la population française serait de nature à constituer un danger, ce danger trouverait nécessairement son correctif dans la facilité de naturalisation offerte à ces étrangers, et qu'ils s'empresseraient à coup sûr de mettre à profit. Pense-t-on, par exemple, que la majeure partie de l'émigration polonaise ne se serait point dirigée vers l'Algérie, si elle avait eu la certitude d'y trouver un moyen de s'assurer, avec moins de difficulté, des avantages de la naturalisation française? La conformité de religion, en s'opposant à ce que les Arabes établissent de distinction entre nous, les attache étroitement par la force même des choses. En effet, aucune tentative ne pouvant être dirigée contre notre établissement algérien par une puissance européenne, sans que cette puissance s'appuie sur une alliance avec les Arabes, une telle agression ne menacerait pas seulement notre domination, mais la fortune de tous les colons étrangers possesseurs en Algérie, que ces colons fussent Italiens, Espagnols, Allemands ou Anglais.

D'ailleurs, ce serait à l'administration (le choix des concessionnaires lui appartenant) à concéder les terres avec discernement, et à ne point favoriser de trop grandes agglomérations d'individus d'une même race sur un même point.

Les importants travaux accomplis par le gouvernement, afin

d'assurer la richesse du sol, offriraient aux entreprises particulières des garanties pour le placement avantageux de leurs
capitaux. Il est à présumer dès lors que de puissants capitalistes
solliciteraient des concessions, et que l'industrie privée, tranquillisée sur l'avenir, s'empresserait de rivaliser avec l'État.

Appelée à choisir parmi les soumissionnaires, l'administration devrait s'appliquer plutôt à faciliter le développement de
la fortune individuelle par des concessions profitables, qu'à
enrichir l'État au moyen de concessions onéreuses pour les colons ; une autre marche serait la ruine du pays, la mort de
la colonisation. La moralité des individus, la nature et l'étendue de leurs ressources, la position sociale qu'ils occupent, tous
ces points doivent être recherchés avec soin et mûrement pesés
par l'administration. Il y aurait pour la France d'incalculables
avantages à relier, s'il était possible, la grande propriété territoriale française à la propriété rurale algérienne, et peut-être
suffirait-il de faire appel, pour y parvenir, à cette classe riche,
sage, économe, influente par sa fortune et par son patriotisme
fervent, trop souvent méconnue par l'esprit de parti.

§ VII.

**6° Les conditions d'admission de l'élément arabe dans
l'intérieur des limites de la colonisation côtière.**

L'admission de tribus nombreuses dans le sein de la colonie
serait de nature à porter la plus grave atteinte à la sécurité publique. Placées sur les derrières de l'armée protectrice, elles deviendraient pour elle un danger permanent, et qui paralyserait
en partie sa liberté d'action. Groupées aux portes des villes,
parmi la population européenne, ces tribus offriraient des points
d'appui désastreux aux rapides irruptions de nos ennemis et des

auxiliaires formidables à tous les fanatiques qui pourraient se lever contre nous. Mais si l'établissement d'agglomération d'Arabes présenterait un éminent péril, il n'en saurait être de même de leur admission individuelle dans la masse de la population coloniale, ainsi que du maintien des droits acquis par une possession perpétuelle du sol.

Ici, les inconvénients que nous avons signalés sont non-seulement amoindris, mais ils disparaissent presque entièrement, et d'ailleurs, un indéniable avantage ressort de la présence en Algérie d'une population acclimatée. Il ne s'agit donc pas d'agglomérer les Arabes en les refoulant devant nos colonnes, mais bien de les noyer dans le flot de la population nouvelle. Il faudra, pour atteindre ce résultat, travailler activement au fractionnement des tribus, offrir des terres à des groupes de trois ou quatre familles, qu'on placerait à des distances convenables les unes des autres, afin d'écarter ainsi les dangers de leur réunion; les fixer au sol par l'intérêt agricole qu'elles s'y créeraient; leur accorder les droits et le titre de citoyen français, au bout de dix années d'une fidélité éprouvée; exiger d'elles en retour l'acceptation de nos lois administratives et judiciaires.

Quant aux populations qui, comme les Kabyles, occcupent d'une manière fixe certains territoires rapprochés des villes côtières, ou compris dans les limites de la colonisation côtière même, une marche pacifique sans faiblesse, une propagande commerciale, une protection prête toujours à se faire sentir, des travaux utiles bien dirigés, favorables à leurs intérêts, et dont l'accomplissement rendrait nécessaire la présence fréquente au milieu d'elles, non de nos soldats, mais de travailleurs militaires, maintenus à l'égard des tribus dans une étroite discipline; la création de plusieurs routes indispensables à l'ensemble de la domination; quelques caravansérails judicieusement situés au milieu des populations kabyles, et protégés par une force de nature à garantir tout à la fois les caravanes de marchandises, la liberté du commerce et la tranquillité des transactions : tels sont, suivant nous, les seuls moyens auxquels on devrait avoir recours. Ils nous semblent assez puissants pour nous obtenir d'abord la neutralité, puis l'affection, et, enfin, l'assimilation complète des tribus de la Kabylie. Procéder par l'expropriation, les *razias* non motivées et les promenades militaires, destinées plutôt à enflammer les ressentiments qu'à inspirer de salutaires terreurs, serait aussi contraire à la politique qu'attentatoire à l'humanité.

Toutefois, en proclamant la nécessité d'apporter des ménagements dans la manière de régir les Arabes, nous sommes loin de méconnaître qu'il importe de prendre d'efficaces mesures contre leurs rancunes, et pour arriver, sans trop attendre, à leur incorporation définitive dans la grande famille française.

La conscription doit produire ce dernier et si désirable résultat.

Cette institution n'a rien qui puisse effrayer une population guerrière, ni rien non plus de tyrannique, puisqu'elle n'est qu'une juste extension du droit de conquête. Les Turks ne l'eussent pas établie, sans doute, mais ils auraient contraint les tribus de les suivre à la guerre par le saccage et l'extermination.

Les recrues arabes seraient dirigées sur la France. Commandées par des officiers français qui auraient servi en Algérie, elles deviendraient d'excellentes troupes ; car le courage, on le sait, fait partie du patrimoine des peuples d'Orient. A l'expiration de leur temps de service, ces hommes rentreraient sous leurs tentes ; ils y porteraient le souvenir de nos mœurs, la connaissance de notre langue, et formeraient, à leur insu, des milliers de points d'infiltration, placés au sein même de leur nationalité.

Quant à l'expérience de tactique qu'ils auraient acquise sous nos drapeaux, elle n'offrirait point alors les périls qu'elle présenterait aujourd'hui, et, d'ailleurs, leur éloignement prémédité des armes spéciales maintiendrait toujours intacte, à leur égard, notre suprématie militaire.

La population guerrière des Arabes est évaluée à 500,000 combattants. On leur demanderait seulement 2,000 soldats par année, et l'on arriverait ainsi à composer, en sept ans, un corps de 12,000 hommes, qui, tout en diminuant le nombre de nos recrues nationales, nous donneraient une sérieuse garantie contre les aggressions des tribus, puisque chacune d'elles se trouverait avoir des ôtages en notre pouvoir.

En admettant que, dans l'état actuel des choses, la conscription fût une mesure impraticable, rien ne s'opposerait du moins à la formation d'un corps d'infanterie et de cavalerie arabe, appelé à servir en France.

Cette dernière disposition n'est point, en effet, sans analogue dans le passé, dans le présent même. Personne n'ignore que les Romains remplissaient le vide de leurs légions en y introduisant les populations conquises. L'Autriche maintient la Hongrie par des régiments lombards, la Lombardie par des régiments hongrois. Les Anglais ont une armée de cipayes. Pourquoi ne tenterions-nous pas un essai de ce genre? L'Arabe, nous l'avons dit, a toutes les conditions requises pour faire un bon soldat : courage, ruse, patience et sobriété. Dira-t-on que le fanatisme leur fera repousser l'idée de servir des chrétiens? Mais nos pères n'ont-ils pas vu un régiment de mameluks venir en France à la suite de notre glorieuse armée d'Égypte? L'empereur de Russie n'est-il pas entouré de corps circassiens, tartares et perses, tous mahométans?

En s'adressant aux chefs influents des tribus ralliées, on obtiendrait sans trop de peine un contingent de recrues plus ou moins considérable. Ceux qui, dans l'avenir, se soulèveraient contre notre domination, seraient contraints, comme châtiment, à nous livrer pour le service militaire un certain nombre d'hommes de leur tribu. On arriverait ainsi par une voie détournée au même

but, on accoutumerait les Arabes à notre mode de recrutement.
Ce n'est pas la vue passagère de nos splendeurs ou de notre force
qui causera une révolution au sein de ces natures sauvages ; au
contraire, l'aspect d'un grand déploiement militaire, d'une ma-
gnifique parade, en enflammant leurs cœurs d'un instinct guerrier, les porterait plutôt à la résistance. Mais il faut qu'en
passant la mer, les Arabes se trouvent soumis à une longue
épreuve de nos mœurs, à une lente inoculation de nos idées,
pour retourner convertis sous leurs tentes.

Faisons, en outre, remarquer qu'en levant des troupes arabes
en Afrique, le gouvernement ne transgresse pas la loi qui éloigne
les étrangers du service. L'Algérie est France, et ses habitants,
pour se trouver dans une situation exceptionnelle, n'en sont pas
moins des sujets du Roi. Qui empêcherait, du reste, afin d'obvier
à tout inconvénient, que les Chambres fussent appelées à sanc-
tionner cette grande mesure, dont le résultat serait de diminuer
la force d'action de nos adversaires, et de rendre annuellement
plusieurs milliers de bras à notre agriculture ?

En somme, on ne peut se dissimuler, malgré la richesse de la
France, la force de son crédit, la prospérité croissante de toutes
ses sources de revenus, que l'augmentation de dépenses de 20 à
30 millions, nécessitée par les différentes créations dont nous
avons signalé soit l'utilité, soit l'urgence, ne dût-elle figurer au
budget que pendant quatre années, est de nature à constituer,
pour le pays, une charge d'autant plus lourde que de gigantesques travaux sont en cours d'exécution sur son sol, et que d'importants dégrèvements d'impôts sont réclamés en faveur des
classes ouvrières et des intérêts agricoles. Mais ce qu'il importe
également de considérer, c'est que, sans la colonisation, le milliard absorbé déjà par l'Algérie deviendra un sacrifice stérile,
tandis qu'en persévérant, ce milliard pourra finir par se récu-
pérer, et marquer le point de départ d'une nouvelle ère de prospérité pour la France.

Le capital de cent millions, qui nous paraît nécessaire à la bonne
et complète organisation de la colonisation dans la zone côtière,
serait consacré au dessèchement des plaines marécageuses et mal-
saines, mais fertiles; à la confection, suivant la mesure et la
progression des besoins, des routes stratégiques, commerciales
et agricoles; à la fondation des divers établissements que nous
avons proposés ou d'autres établissements analogues que l'on serait conduit à reconnaître d'une opportunité plus réelle, d'une
utilité plus pratique; à la fortification de plusieurs points jugés
nécessaires pour la défense de la côte ou des limites intérieures;
à l'amélioration des divers lieux de relâche, à la création de
deux colonies militaires situées en dehors de la zone côtière, et
dont l'exécution serait confiée aux généraux, après que les plans
soumis au gouvernement auraient obtenu son approbation.

Ces cent millions seraient, du reste, le seul sacrifice considérable que le pays aurait à s'imposer pour l'extension de son
œuvre en Afrique. Si, en effet, nous supposons un instant la colonisation côtière accomplie, et, par suite, une population européenne et nombreuse établie sur tout le littoral, les impôts de
l'Algérie viennent prendre dès lors dans notre budget une place
importante; les transactions du commerce accélèrent l'élan de la
production nationale, les Arabes perdent de leur force hostile,
la conscription se trouve répartie sur un plus grand nombre
d'individus, la sécurité des places fortes est assurée tout à la
fois contre les ennemis présents et contre les ennemis à venir;
enfin, l'influence du contraste avec les indigènes, du trafic, des
liens moraux, de la fusion quelque lente qu'elle soit, permet à
la France de laisser à la charge des entreprises particulières la
propagation de la colonisation dans les autres régions de nos possessions algériennes.

Le point capital est de peupler le littoral dans une largeur suffisante pour en éloigner les Arabes, et pour enlever à l'Europe

les moyens de favoriser une descente, par la coopération des populations mal intentionnées.

Ce résultat obtenu, la colonisation ne sera point complète
peut-être, mais son achèvement n'aura plus qu'une importance
secondaire, et le temps, dans sa plus large part du moins,
pourra l'accomplir.

Nous avons dit qu'il fallait 100,000,000 à la colonisation, et
que, dans sa situation présente, le pays ne saurait supporter une
telle charge. Divisée en cinq subsides de 20,000,000 chacun,
cette somme obérerait encore trop fortement la fortune publique ;
subdivisée en crédits de dix ou cinq millions, ouverts annuellement par les Chambres au gouvernement, elle perdrait de sa
force d'impulsion et laisserait la colonisation languissante. Que
faire alors? Recourir au crédit et contracter un emprunt de
100,000,000, dit *emprunt algérien :* à 3 pour 100 d'intérêts,
cet emprunt grèverait le budget d'une dépense annuelle de
4,000,000, charge facile à supporter, qui ne portera nulle
atteinte au crédit national, n'entravera aucune des réformes
nécessaires, et qui sera promptement compensée par l'accroissement des revenus de la colonie, par la diminution de l'effectif
de l'armée d'Afrique.

Ces 100,000,000, divisés en fractions de 10,000,000, versées
dans les caisses de l'État, au commencement de chaque semestre,
assureraient la marche rapide des travaux et le prompt établissement des revenus de la colonie, par la diminution de l'effectif
de l'armée d'Afrique.

Il est un point que nous avons abordé dans les premières pages
de ce petit écrit, et sur lequel, avant de finir, il ne nous semble
point inutile de nous arrêter un instant : nous avons fait entendre,
en signalant le bien qui pourrait résulter pour la consolidation
et l'essor de notre conquête, de l'établissement d'une vice-
royauté en Algérie, que la création d'un ministère spécial serait
loin de présenter les mêmes avantages. En effet, placé comme

il le serait loin du théâtre d'application des mesures administratives, ce ministère deviendrait bientôt un de ces conseils su-
prêmes des Indes qui ont été si funestes à l'Espagne quant à
l'administration de ses colonies. La première condition pour
bien administrer est de connaître à fond les éléments à coor-
donner. Or, le ministre, tombant ou s'élevant tour à tour sous
un vote des Chambres, a le temps à peine d'étudier, d'une manière complète, les divers rouages de la machine dont la direction lui est confiée. Il vient compliquer, d'ailleurs, les difficultés des combinaisons ministérielles ; c'est un homme de plus,
et un homme de mérite à trouver pour compléter un cabinet.
A ces inconvénients, s'en ajoutent d'autres non moins incontestables. Le point de départ de l'action administrative demeure
nécessairement éloigné ; la vapeur, malgré tous ses prodiges,
n'en laissant pas moins l'Algérie à une grande distance de la
France, et la mer, quoi qu'on fasse, offrant toujours une solution
de continuité du territoire français, ce qui rend une force administrative propre à l'Algérie impérieusement obligatoire. Qu'une
escadre ennemie vienne à s'interposer entre la France et sa conquête, entre le ministère spécial et la colonie, à quelle source
les divers rouages administratifs iront-ils puiser l'action gouver-
nementale ? Peut-être objectectera-t-on avec une apparence de
justesse que les autres colonies françaises se trouvent dans une
situation identique ? Mais l'on ne doit pas oublier que l'Algérie
ne ressemble en rien aux îlots français de l'Atlantique ; ce n'est
point un champ de cannes à sucre, mais un vaste champ de ba-
taille, encore tout jonché de morts, peuplé de tribus conquises ;
un royaume tout entier appelé à jouer un rôle considérable
dans les destinés du monde.

Laisser l'administration algérienne se relier à chaque ministère serait une combinaison plus fâcheuse encore, puisque
l'Algérie sentirait peser sur elle tous les inconvénients de notre
centralisation sans profiter de ses avantages et sans jouir de ses

bienfaits. La solution des affaires de la colonie deviendrait en quelque sorte interminable ; tout lien réel , effectif, cesserait d'exister entre les divers départements de l'Algérie , ou, du moins, le lien commun se trouverait fixé à l'une des extrémités du faisceau, au lieu de l'envelopper au centre.

Telles sont les observations générales qui se sont offertes à notre esprit touchant l'accomplissement de l'œuvre immense que la France poursuit en Afrique. Chaque siècle semble appelé par la Providence à une destinée qui lui est propre. Le xviie siècle préconisait l'unité de pouvoir ; le xviiie, l'égalité politique et civile des hommes : tous deux ont rempli la mission qui leur était dévolue. Le xixe siècle s'est assigné pour tâche la régénération matérielle, le bien-être des masses. Or, ce problème d'une si haute opportunité ne saurait être résolu que par la bonne organisation et la sécurité du travail. Ce travail, les Français le trouveront et sur le sol de la France et sur le sol de l'Afrique. Alger est un vaste atelier ouvert dont nous a doté un coup d'éventail. Peut-être a-t-il coûté trop cher à la France ! Mais parce qu'une usine aura été payée au-dessus de sa valeur, faudra-t-il l'abandonner, alors que le prix en est presque entièrement acquitté ?

Nous résumerons, en terminant, les divers aperçus et propositions formulés dans ces pages rapides. La France, étant fermement résolue à garder sa conquête, doit :

1° Envisager sans hésitation et sans crainte l'œuvre gigantesque qu'elle entreprend, se résoudre à l'aborder avec courage et à la poursuivre avec opiniâtreté.

2° Faire de la colonisation la véritable base de l'édifice.

3° Subdiviser les travaux afin d'en diminuer le poids et le nombre ; créer une administration forte , régulière , expéditive, purement civile , couvrant de sa protection les capitaux toujours effrayés de l'aspect militaire ; limiter l'action de cette administration à la zone de colonisation déterminée , et confier à l'administration militaire le reste de l'Algérie ; placer ces deux administrations sous la direction d'un même chef, chargé de les maintenir réciproquement dans de justes bornes, de prévenir entre elles les conflits, et qui soit, par sa haute position individuelle, une vivante manifestation de la volonté immuable du gouvernement français à l'égard de l'Algérie.

4° Faire appel à toutes les forces et à tous les instincts du pays au moyen de fondations pieuses, de concessions accordées aux capitalistes, etc.

5° Employer avec discernement l'énergie laborieuse de l'armée, comme on a jusqu'à présent employé son énergie guerrière.

6° Attirer à nous les Arabes avec persévérance par la séduction d'avantages réels, de travaux publics profitant à leur culture, etc. En retirer tout le concours possible, grâce à la formation de quelques établissements indigènes au sein de la colonisation, au régime de la conscription ou l'organisation de régiments auxiliaires arabes, servant en France, fréquemment licenciés, et renouvelés par portions égales.

Le moment est propice ; il faut savoir le saisir. Les Arabes nous haïssent, mais ils tremblent devant nous, et force leur a été de reconnaître notre puissance à la grandeur même des maux que nous avons été dans la nécessité de leur faire souffrir. Ils sont donc bien près de nous obéir, et de courber fatalement la tête en s'écriant : Dieu le veut.

9 782329 060057